Masaoka Shiki

Mit blankslidte lagen

Masaoka Shiki: Mit blankslidte lagen
Udvalgte haiku i oversættelse ved Niels Kjær

Copyright 2018 by Niels Kjær

Forlag: BoD – Books on Demand, København, Danmark
Fremstilling: BoD - Books on Demand GmbH - Norderstedt, Tyskland

ISBN 978-87-430-0093-8

Forord

Masaoka Shiki (1867-1902) er en af Japans fire store haikumestre. De tre andre er *Matsuo Basho* (1644-1694), *Yosa Buson* (1716-1783) og *Kobayashi Issa* (1763-1827).

Shiki blev født året før Japan i 1868 oplevede en omvæltning, hvor feudal-samfundet anført af Tokugawa-shogunatet (og støttet af samurai-klassen) blev afløst af et embedsmandstyre under Meiji-kejseren. Japans lange isolation fra omverdenen blev brudt, og en hurtig modernisering under vestlig indflydelse tog sin begyndelse. Dette fik også betydning inden for litteraturen. Efterhånden som de japanske digtere blev fortrolige med vestlig litteratur, forsøgte de sig med nye litterære former. Mange mente ligefrem, at de traditionelle japanske digtformer, tanka og haiku, var forældede og måtte uddø, fordi de var for korte til udtrykke komplekse psykologiske og sociale forhold.

Shikis far, der var samurai, mistede sin position i forbindelse med Meiji-restaurationen og døde, da Shiki kun var fem år gammel. Som ung kom Shiki til Tokyo, hvor han begyndte at studere litteratur ved universitetet. Allerede på dette tidspunkt blev Shiki imidlertid ramt af tuberkulose – den sygdom, der efter-hånden bandt ham til sengen og medførte hans alt for tidlige død, kun 35 år gammel.

I løbet af de omtrent ti år, Shiki fik som fuldtidsforfatter, nåede han utrolig meget.

Sammen med en kreds af venner og elever startede han en bevægelse, der havde til formål at reformere de klassiske digtformer og sikre deres overlevelse i en ny tid. Shiki skrev selv både litteraturkritiske essays og digte. I sine essays argumenterer han for, at det netop er den knappe form, der er styrken ved haiku og tanka, men at det er nødvendigt i en ny tid at tage nye emner op i digtningen. Og derfor vælger Shiki i sine egne haiku også at skrive om ting fra "det moderne liv", fx sin franske vase, sit blankslidte lagen og baseball.

Det er i høj grad Shikis fortjeneste, at det japanske haiku har overlevet og i dag er et af Japans vigtigste bidrag til verdenslitteraturen. Endog selve navnet *haiku* skyldes Shiki. Før hans tid kaldtes den 3-linjede form *hokku* ('første vers', dvs.

indledningen til et længere kædedigt) eller *haikai* ('spøg'), men Shiki foreslog betegnelsen *haiku* ('legende digt') for at markere det nye indhold i den gamle digtform.

Jeg har i mine oversættelser holdt mig til haikuets 3-linjede form, men ikke til reglen om de 17 stavelser, idet jeg har tilstræbt en så ordret og mundret gendigtning som mulig. Undertiden afviger Shiki selv fra de 17 stavelser, hvilket man kan forvisse sig om ved at sammenligne med den japanske originaltekst, der står under hvert haiku skrevet med *romaji*.

Niels Kjær

Nytårsrengøring –
guder og buddhaer
på græsplænen

susuhaki ya / kami mo hotoke mo / kusa no ue

Hjemvendt fra årets
første teaterforestilling
men stadig i festtøjet

hatsu shibai / mite kite haregi / mada nugazu

Det sner!
Jeg kan se det gennem et hul
i min shoji

yuki furu ya / shoji no ana o / mite areba

Igen og igen
spørger jeg om hvor dyb
sneen er

ikutabi mo / yuki no fukasa o / tazunekeri

Indesneet
og sengeliggende – det er
min eneste tanke

yuki no ie ni / nete iru to omou / bakari ni te

Åbn min shoji!
Uenos sne vil jeg ofre
et hurtigt blik

shoji ake yo / Ueno no yuki o / hitome min

En gammel have –
i måneskinnet bliver
varmedunken tømt

furuniwa ya / tsuki ni tanpo no / yu o kobosu

En vildkat
skider – i min
vinterhave

nora-neko no / fun shite iru ya / fuyu no niwa

Vintermåne –
over de nøgne træer
en enkelt stjerne

kangetsu ya / kareki no ue no / hitotsu-boshi

Ti års
hårde studier –
mit lagen er blankslidt

junen no / kugaku ke no naki / mofu kana

Anonym forfatter –
en samling forårsdigte –
et mesterværk

yomibito o / shirazaru haru no / shuka kana

Lamperne tændes –
én skygge for hver
af dukkerne

hitomoseba / hina ni kage ari / hitotsu tzutsu

Ikke en eneste drage
nærmer sig den store
papirdrage

odako ni / chikayoru tobi no / nakari keri

Pæreblomster –
efter krigen
et ødelagt hus

nashi saku ya / ikusa no ato no / kuzure ie

Går på skyerne,
sover på tågebanken –
svævende lærke

kumo o fumi / kasumi o suya / agehibari

Den store Buddha
døser, døser –
forårsdag

daibutsu no / utsura utsura to / haruhi kana

Fodspor
på stranden –
forårsdag

suna-hama ni / ashi-ato nagaki / haruhi kana

Jeg stirrer på
min miniature have –
forårsdag

sanjaku no / niwa o nagamuru / haruhi kana

En samisen
i et landligt tehus –
forår

samisen o / kaketaru haru no / nochaya kana

Kronbladene flagrer
ét efter ét i vinden –
kirsebærblomster

hito-e zutsu / hito-e zutsu chire / yae-zakura

Gøglernes banner
hænger vådt ned –
forårsregn

koshibai no / nobori nurekeri / haru no ame

Et ansigt viser sig
i husets vindue –
forårsregn

kao o dasu / nagaya no mado ya / haru no ame

En hvid sommerfugl
flyver mellem blomsterne –
hvis sjæl mon det er?

nadeshiko ni / chouchou shiroshi / tare no tama

På bjerg efter bjerg
i kløft efter kløft –
vild azalea

iwa iwa no / wareme wareme ya / yama-tsutsuji

Syrisk rose blomstrer
i hegnet – på vejen
en stige-sælger

mukuge saku / kaki ya komichi no / hashigo-uri

Vinden blæser,
andemaden bevæger sig
alt imens den blomstrer

kaze fuite / ukikusa ugoku / hana nagara

Hvor mange leveår
har jeg tilbage?
En kort nat!

yomei / ikubaku ka aru / yo mijikashi

Krager klokken fire,
spurve klokken fem –
sommernatten er forbi

yoji ni karasu / goji ni suzume /
natsu no yo wa akenu

I min hånd
en ildflue –
koldt lys

te no uchi ni / hotaru tsumetaki / hikari kana

Sommergræs –
baseballkamp mellem
to hold derovre

natsugusa ya / besu-boru no / hito toshi

Folk vender hjem –
efter fyrværkeriet
er det så mørkt

hito kaeru / hanabi no ato no /kurasa kana

Sommerflod –
der er en bro, men hesten
går gennem vandet

natsugawa ya / hashi wa aredomo uma /
mizu o yuku

Lummervarme –
mit urolige hjerte
hører torden

atsukurushi / midare-gokoro ya / rai o kiku

Efter tordenbygen
et træ i aftensolen –
cikadesang

rai harete / ichiju no yuhi / semi no koe

Et rødt æble,
et grønt æble –
begge på bordet

akari ringo / aoki ringo ya / taku no ue

Jeg spiser en kakifrugt
mens tempelklokken ringer –
Horyuji

kaki kueba / kane ga narunari / Horyuji

Jeg bider i
en moden kaki – mit skæg
bliver vådt af saften

kaburitsuku / jukushi ya hige o / yogoshikeri

Min lille skarpe kniv –
spidser blyanter med den,
skræller pærer

kogatana ya / empitsu o kezuri / nashi o muku

Igen og igen
strækker jeg hals og ser ud –
havens kløverblomster

kubi agete / ori-ori miru ya / niwa no hagi

Solrig efterårsdag –
røg af noget
stiger til vejrs

aki harete / mono no kerumi no / sora ni iru

Aftencikader –
nåletræets skygge presser
mod mit skrivebord

higurashi ya / tsukue o assu / shii no kage

Jeg vender ryggen
til Buddha og drejer mig
mod den kolde måne

mihotoke ni / shirimuke oreba / tsuki suzushi

Høstmånens
opgang – sølvgræsset
skælver

meigetsu no / deru ya yurameku / hanasusuki

En lilla så dyb
at den næsten er sort –
vindruer!

kuroki made ni / murasaki fukaki / budo kana

Jeg kvaser edderkoppen –
efterfølgende ensomhed
i nattekulden

kumo korosu / ato no sabishiki / yosamu kana

Jeg tager af sted
og du bliver her –
dobbelt efterår

yuku ware ni / todomaru nare ni / aki futatsu

Et kæmpetræ
rager op i skyerne
i ødemarken

taiboku no / kumo ni sobiyuru / kare-no kana

Nu og da
bliver den til hagl –
den kraftige blæst

tokidoki ya / arare to natte / kaze tsuyoshi

Shinobazu Sø –
sovende ænder
på en frostnat

Shinobazu no / kamo neshizumaru /
shimo-yo kana

Min franske
orkidevase –
en vinterrose

furansu no / ichirinzashi ya / fuyu no bara